JN410449

여수의 노래

여수의 노래

임호상 시 이민하 그림

시인동네

프롤로그

조금새끼로 운다

중선 배 타고 나간 아버지는 한 달에 두 번 조금이 되어서야 돌아왔다. 초여드레, 스무이틀 간만의 차가 없는 조금이면 바다로 나갔던 아버지들 돌아오는 날. 조금이 되면 어머니 마음도 분주하다. 뜸을 들이는 무쇠솥처럼 이미 뜨거워져 있다. 바다에서 몇 바지게씩 고기를 져다 나르는 날이면 앞마당에 호야불 켠다. 당신의 마당에도 불이 켜진다. 보름을 바다에 있다 보면 얼마나 뭍이 그리웠을까, 얼마나 밑이 그리웠을까. 어머니 마음도 만선이다. 뜨거워진 당신은 선착장 계선주에 이미 밧줄을 단단히 동여맸다. 아버지도 그랬지만 선착장에서 하염없이 기다리던 어머니도 그랬다. 조금이 돼야 뜨거워질 수 있었던 그때, 갯내음으로 태어난 우리들은 조금새끼

서방 들어오는 날 속옷을 널어 방해하지 말라는 수줍은 경고가 마

당에서 춤을 춘다. 어머니의 빨랫줄에 속옷과 함께 널린 고등어 세 마리, 누구 것인지 알 사람 다 안다. 호루라기 불면 들어오라 했는데 어머니의 호루라기는 한참이 지나도 들리지 않고 오도 가도 못한 조금새끼들은 정박한 배처럼 문밖에서 하염없이 기다린다. 어머니는 보름을 기다려 하루를 살지만 조금새끼는 한 달에 두 번 문밖에서 하루를 산다. 바다에 나가 영영 돌아오지 않는 아버지도 홀로 남는 어머니도 참 많았다. 아버지 한 분에 어머니 둘, 조금새끼 십 남매 그때는 다 그랬다. 한 그물 속에서 그렇게 섞여 살았다고 누이는 막걸리초에 지나온 세월을 버무린다.

어쩌면 남편을 바다로 보내는 어머니는 모두 다 작은 각시 아닌가. 바다는 아버지를 데려다가 보름이 되어서야 돌려보내곤 했는데 언제부턴가 청상과부 작은어머니가 아버지를 차지하고 어머니는 살을 대지도 못했다. 한 달에 이틀뿐인데 그 이틀도 어머니는 멍청이 세월로 살았다. 조금이 돼도 돌아오지 않으면 어머니의 바다에는 소리 내지 못하는 파도가 쳤다.

남의 뱃속에서 낳은 새끼도 남편 핏줄이라고 내색 못해 큰어머니가 엄마가 되는 먹먹한 유년을 살았다. 두 부 다 이해할 수 없는 삶을, 낡은 풍경처럼 서로를 인정해주며 그렇게 섞여 살았다. 아침에 우는 새는 배가 고파 울구요 저녁에 우는 새는 님이 그리워 운다며 조금을 기다리던 어머니의 육자백이, 먼 바다를 향해 청솔개비 두드리던 그 노래를 들으며 우리는 막걸리초처럼 속으로 속으로 삭히며 핏줄이 되었다. 오랜 기다림을 절여 아버지의 입맛을 달래는, 아버지의 하루를 훔치는 어머니의 막걸리초가 되었다.

어머니의 바다는 속 깊은 먼 바다, 겉으로 파도가 쳐도 깊은 속을 다 알 수가 없다. 날이 새면 어김없이 바다로 가는 아버지를 묶어놓지 못해 뜬눈으로 밤을 샌다. 눈을 뜨지도 감지도 못하고 밤새 하현달로 떠 있는 밤, 이번 조금 아버지 돌아오시면 당신의 아랫목 오래도록 따뜻할 수 있을까. 평생 바다를 보고 살아온 아버지도 어머니도 40년 배를 탔다던 정씨 아저씨도 바다가 무섭다는 말에 술잔에서 파도가 쳤다.

문밖에서 아버지를 기다리는 파도 소리 자꾸만 자꾸만 어머니의 가슴을 쳤다.

여수의 노래

차례

제2부

제1부

당신

19도 잎새주
아무리 마셔도 취하지 않더니만
36.5도 당신
그 눈빛 한 잔에
확,
취하네

꼬막

이 밤 아무리 뜨거워도
함부로 열지 마

열릴 듯 말 듯
문고리 꽉 잡아

내 손 닿으면
그때, 못 이기는 척
선홍빛 마음 열어

이사 2

침대 뒤며 가구 들어낸 바닥엔
오래 묵은 먼지들이 켜켜이 쌓여 있다
참 신기하지, 빛이라도 들면 하나 둘 보이던 먼지들
이렇게 뭉치째 숨어 살았다니
굳은 표정으로 우리를 쳐다본다
마치 10년 사글세라도 청구 당할지도 모른다는 초조함
함께 쫓겨나야 하는 억울한 표정이다

서너 겹으로 몸을 접어 견뎌온 오랜 세월
그 무게 다 들어내고
이제야 허리를 펴보지만
구겨진 장판 조각들은
금방 제 모습을 찾지 못했다

당신에게

그런 것 같네요
당신 말대로 난 사기꾼

TV 광고처럼
퇴근해 돌아오는 남편을 위한 저녁상은
항상 쓸쓸하고
당신의 바람 자꾸만 무너지는데
꿈꾸던 일요일도
주택복권 은빛 희망처럼 아쉬움만 주네요

오늘도 당신,
누구를 위해 저녁을 준비합니까

렌즈 속 웨딩포토 같은 당신의 신혼
기념일에나 겨우 살아나고
당신 말대로 난
어쩔 수 없는 사기꾼인가 봅니다

하지만
사무실 컴퓨터 앞에서
밤새 어깨가 무너져 내릴 때
당신의 품
잠든 아이들의 모습
얼마나 그리운지

당신과 아이들을 위한 시간
연체된 대출금처럼
12개월, 24개월 할부로 갚아갈 수 있다면
매일 조금씩
내 사랑을 풀어놓고 싶습니다

분만 대기실에서

꽃보다 더 위안되는
어떤 말을 준비해야 할까요
분만실 문틈에서 새어나오는 신음

대기실 벽 위에서 혼자 가는 시계처럼
자꾸만 아른거리는 당신의 기억을 누르고
아기의 힘찬 울음소리
땀과 눈물로 뒤범벅된 당신의 모습 그대로
아기도 엄마도
같은 모습으로 맞이하는 바깥세상

당신,
참 힘들게 안았군요
엄마라는 이름

그냥

아내가 물었다 왜?
그냥

딸이 물었다 아빠 왜?
그냥

건성으로 대답한 것 같지만
가장 깊고 정다운 말
그냥

그냥 좋다 그 말이

당신처럼
이유 없이 그냥 좋다

꽃, 활짝 피다

같은 날이라도
활짝 웃을 때가 있다
꽃도 사람처럼
당신도 꽃처럼

따뜻한 오후
배부른 듯 졸리운 듯 기지개 켜는
햇살,
활짝 핀다

저 웃음

저 흔들림

저 일상

활짝 필 때 있다

모장 풍경

—모장마을 일몰

큼직하게 잘 익은 홍시 하나
소경도, 샛섬, 넓섬
어떤 녀석 줄까 망설이다
슬그머니 모장 앞바다에 내려놓는데
소경도 녀석 참 속도 없지
할미 맘도 모르고 욕심 부리다
지놈 뾰족한 등짝에 터져
바다가 온통 벌겋게 번져버렸네

쏨뱅이

바위처럼 무뚝뚝하게
수묵화처럼 시커멓게
움직이지 않으면 누가 알까
수족관 안 다른 애들과 함께 있어
고것이 생선인 줄 알지

옆에 있던 형님 한 말씀
너 안 먹어봤지
못생긴 게 참 맛있다

조금 전 매운탕으로 먹은
빛깔 좋은 참돔은 잊고
수족관 안 고것을
한참 동안 바라보다 왔다

하화도

담벼락에도 꽃이 피었다
벽화를 그리듯 환하게 웃는 햇빛 따뜻한 가을쯤
꽃을 보러온 사람들이 한 다발 꽃으로 내리고 있다
세월이 낸 길을 따라 걷다 바람에게 묻는다
우리 얼마나 걸어왔지?
마을 어귀에서부터 따라온 수줍은 바람
그냥 말없이 웃는다
바람도 심호흡하고 원점 회귀하니
꽃들이 먼저 와서 야영하는 그곳으로 되돌아가야겠다
구절초 흐드러지게 피는 꽃섬
이곳에선
뒤돌아보기 위해 걷는다

은하횟집에서

횟집을 소개한 내게 묻는다
고기 이름이 뭐다요 참 맛있네
수족관에선 대충 알 수 있지만
벗고 누었으니, 고것 참
이름이 뭐 필요한가
철 따라 그 맛 다른 자연산이면 됐지

바다가 대신 꼬리를 흔들었다

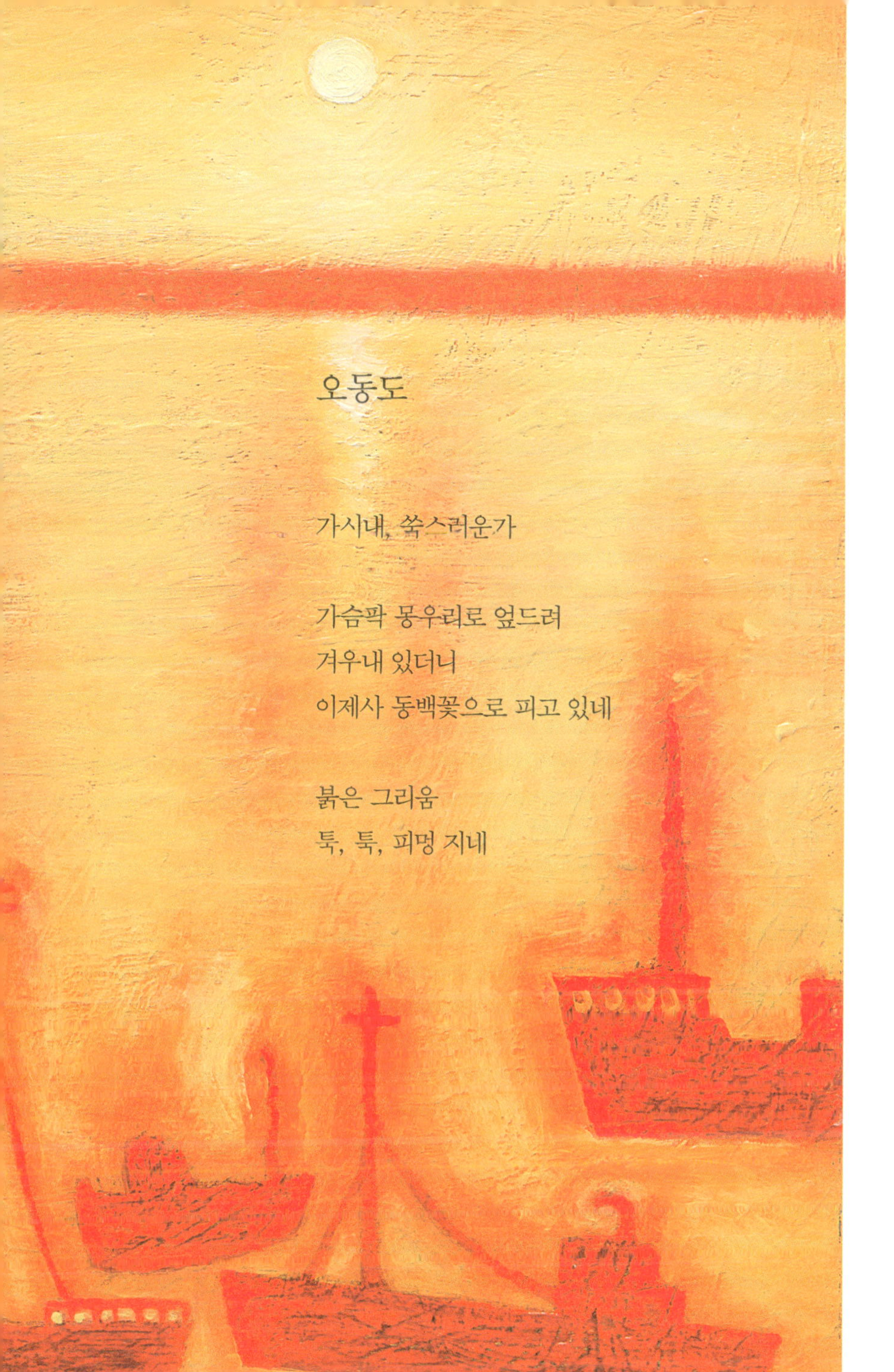

오동도

가시내, 쑥스러운가

가슴팍 몽우리로 엎드려
겨우내 있더니
이제사 동백꽃으로 피고 있네

붉은 그리움
툭, 툭, 피멍 지네

금오도

오지 마라
이곳은 왕의 나라, 황후의 섬
아무나 오지 마라
당신이 선 이 땅, 이 바다
풀 한 포기 바람 한 줌까지
모두 봉황이 지켜온 것이니
쉽게 오지 마라 아무나 오지 마라
벼랑 끝 내몰리던 간절함으로 오라
비렁길 걷는 어디에도
경건하지 않은 곳 있으랴
여수에 올 때는
금오도에 올 때는
그대,
아름다운 섬이 되어 오라

태풍 루사

독한 년
밤새 머끄댕이 잡고 흔들더니
많이도 뽑았네
쥐어뜯긴 저 흔적들 사이
겁먹은 표정들
모두들 수군거리며 안부를 묻네

큰 바람 한 이틀 불고 나니
휴,
작은 바람쯤은
우산 하나면 견딜 수 있겠네

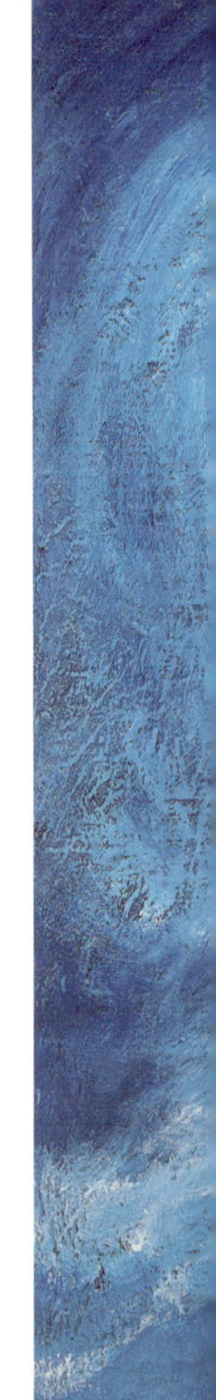

모장 풍경 2

—감나무

톡 소리에 밖을 보니 아무도 없네
톡 소리에 또 밖을 보니
바다 보이는 풍경뿐이네
지나는 바람뿐이네
혹시 몰라 문 열고 나가보니
감나무 나를 부르는 소리
제 몸 몇 개씩 툭 툭 던져
날 부르는 소리
문밖에서 날 지켜주는 오래된 친구
가을바람 깊어오면
니 마음 알 수 있게
그냥 붉은 마음 몇 개만 남겨두게

거문리서(巨文理書)

귤은 서(書)

별 더욱 밝으니 어둠 더 짙었구나
이곳 유촌에선 그 빛 다 내 별
아 저 별들 깎는 파도 소리 그치면
그 소리 그치면 누굴 주랴
칼바위 파도 소리에 깨어보니
달 밝은 밤 그 별 다 어디 갔나
목넘애에서 등대 가는 길 수월산
저리도 붉게 동백으로 뚝뚝 내려
죽어서도 모여 사네
붉은 배경이거나, 거름이거나

만회 서(書)

모르지 재 넘어보지 않으면
바다 넘어보지 않으면 모르지
떠나보지 않으면 내 골목길 신작로
어디로 가고 있는지 모르지
짓궂은 파도 장난질 귀띔이라도 하러 가세
삼부도, 백도 쓰다듬던 앞바다

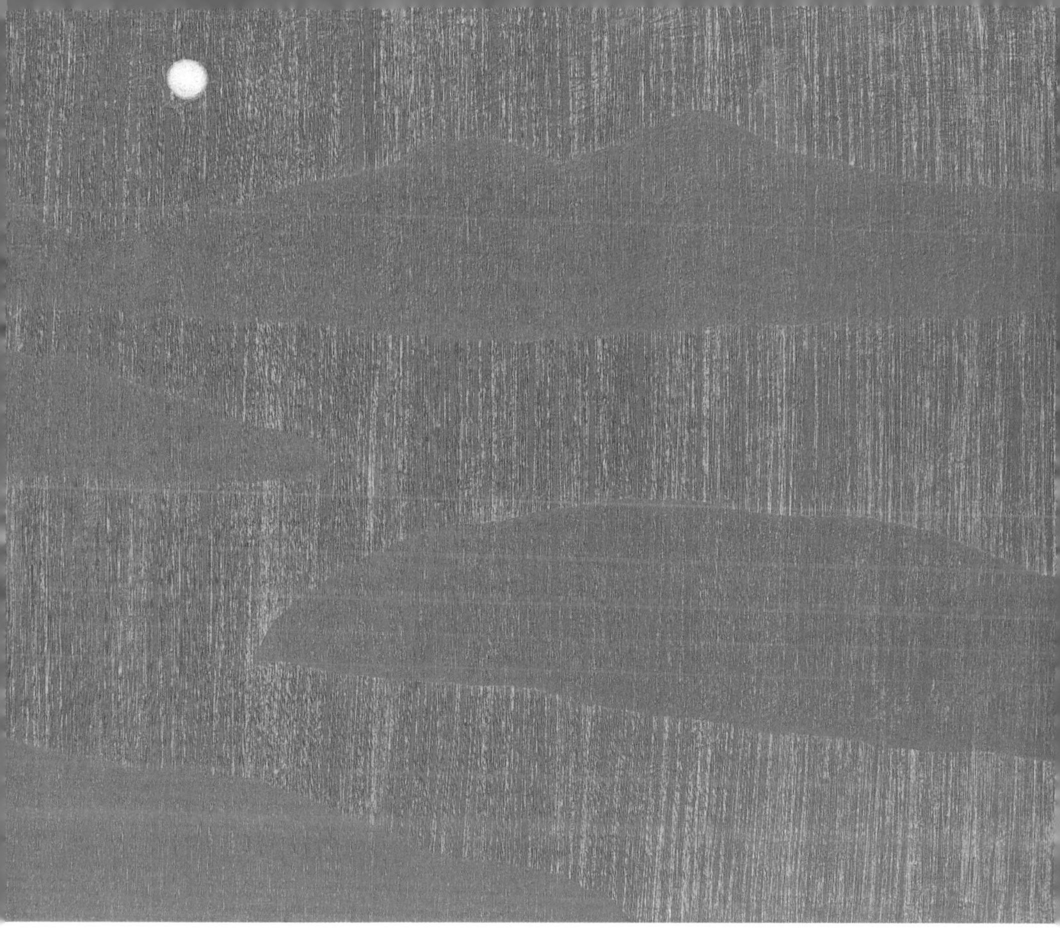

조실모친 신지께로 다시 사네
은갈치처럼 반짝거리던 것 당신 맞네
이제 보니 알겠는가
파도가 매일 오는 이유를 알겠는가

섬

조물주가 실수로 깨트린
파편 같은 것
우연히 이곳에 박힌 거야

아니, 파도처럼 뛰는 당신의 심장에
승부수를 던진 거야
한번 허락하면
평생을 그렇게
발목 잡혀 살 줄 알면서
내 모든 길 단단하게 다짐하고 던진 거야

섬 2

바다에 갇혀 사네
아니, 바다의 사랑 다 받고 사네
때로는 은빛 굴레에 속아
어머니처럼 누이처럼
마음 다 받아주는 여자
그냥 그렇게 묻어두고
못 이기는 척
알면서도 그냥 그렇게 사네

벚꽃, 그 말이

숨이 막히도록 달려들었네 그렇게 며칠
그 마음 다 받아들일 시간도 없이
한꺼번에 쏟아낸 말들
며칠을 서성거린 말들
곧 바람이 온다는 말인 줄 몰랐네
쉼 없이 눈부시던 그날
꽃비만 환하게 보이던 그날엔
빨리 가야 한다는 말인 줄 몰랐네
바람이 불고 나서야 그때 알았네

제2부

길

해가 저물면 돌아오는
아버지의 몸에선 언제나 시멘트 냄새가 났다
마루엔 시멘트 가루가 피곤처럼 떨어져 쌓이고
얼큰하게 취하여 돌아오던 아버지의
겉옷 주머니에선 숨기고 싶은 과로가
서니 개의 못으로 쓰러져 내렸다
실직한 형의 방에도 밤 냄새 섞인 아버지가 짖어 있다
자명종 시계가 어머니를 깨우고
어머니가 다시 형을 깨우는 새벽,
며칠째 어머니의 한숨 소리를 뒤적이며
신문 하단 사원모집 광고를 오려내다
'곧 좋은 소식 있을 거예요'
파스 냄새 섞인 목소리를 남기고
황급히 빠져나가는 어수선한 발자국 소리
습관처럼 버릴 수 없는 어머니의 기도
어둠 속을 오래오래 견디다 보면
언제, 어둡지 않은 길 보일까

태풍

지금 밖에선
얼마나 많은 것들이 힘없이 쓰러지고 있을까
무게 없는 것들은 또 얼마나 휩쓸리고 있을까
견디지 못해 숨어든 빗물에 비상통로가 젖고 있다
늦게 들어온 무리가
먼저 들어온 무리를 밀치는 힘 싸움으로
쓰러져 내리는 어디쯤
또 얼마나 많은 것들이 떠밀려나고 있을까
상처가 깊을수록 오래오래 우리들의 아침을 장악하는
점령군의 뉴스특보
창문 흔드는 힘센 바람이 멱살을 잡고 흔든다
참지 못하면 허물어지는 지금
수없이 뺨 맞으며 서 있는 자들,

아직 바람은 돌아가지 않았다

벌초

복잡한 세상에 가려
분별할 수 없는 한 부분처럼 당신은
키만큼 자란 울창한 세월의 갈대에 덮였지만
탯줄처럼 이어진 길의 희미한 기억으로
나를 이끌었나 봅니다
어릴 적 내 머리카락을 잘라 주시던 것처럼
동그랗게 누운 당신을 유년의 기억에 어울리는 모습으로
한 움큼씩 서툴게 잘라냅니다
흰머리를 뽑듯 쑥을 뿌리째 뽑아내며 아직 곁에 계신다면
어색한 세월 같은 백발이
쑥처럼 무성할 거라는 생각에 잠겨봅니다
아침, 거품으로 면도를 한 후 깔끔하던 그날처럼
세월에 묻히기 전 또렷한 당신,
쑥 내음으로 일어나 배웅하는 당신 앞에
한 가족으로 어우러진 들국화 묶음 두고
또 한 가족이 왔던 길로 되돌아갑니다

추상(秋像)

제 계절을 잃은 것들에 쌓여 시를 쓴다
쓰지 않아도 버리지 못하는 어머니의 재봉틀과
이제 막 외면당한 선풍기를 생각하며 시를 쓴다
기다리는 것들에 쌓여 시를 쓴다
보자기에 싸인 두툼한 겨울옷과
입택 선물로 들어온 파워크린, 하모니, 센서브라이트……,
다양한 이름의 세제가
제 차례를 기다리는 다락방에서 시를 쓴다
지나간 것들이 버림받는,
버림받지 않는 이유를 생각하며 시를 쓴다
차곡하게 쌓인 다락방의 물건들 틈
빛바랜 앨범을 펼쳐
흑백으로 꽂힌 유년의 기억 그 편린들 속을 헤매다
그만, 시를 잃어버린다

실직

아무것도 모르는
어머니의 아침을 외면한 채
오늘도 변함없이
넥타이를 매고 출근을 서두른다

이력서 상단 소명함판의
내가 나를 지친 눈으로 쳐다보며
못난 놈만 되뇌다 맞이한 아침

밤새 준비한 말
오늘도 차마 못하고

어머니,
다녀오겠습니다

토끼풀

잔디 틈새 무리 지어 핀 토끼풀
그 이쁘디이쁜 꽃을
잡초라고 했다
생명력 강하고 빠르게 번식하는 잡초라며
뿌리째 뽑아야 한다고 했다

한 삽 쑥 밀어 넣으며
있는 힘껏 토끼풀을 떠내는데
실낱같은 수많은 생명들이
집 한 채, 속으로 속으로 짓고 있다
어릴 적 일곱 식구 옹기종기 모여 살던
단칸방 그 집처럼 여러 가족이 모여 산다
순간 내가 참 야박한 집주인 같았다

잔디 아닌 놀 틈에서 환한 꽃 피면
손댈 필요 없겠다
못 본 체 돌아선다

모기

언 놈이었을까
잠들지 못하게 하는 새끼
차라리 가슴 아리게 하지
목덜미며 손등 붉혀 밤 간지럽히는,
온통 귀만 열어놓고 어둠을 듣네
숨죽이며 잡을 때까지 잠복근무
윙~ 윙~ 그 녀석이 왔다
순식간에 확 소리를 덮쳤다

불을 켠다 손바닥에 피
있다, 없다,

벚꽃 반칙

귀띔이나 해주지
사방에 벚꽃 활짝 피었네
하루 업무 마치고 나오니, 오메!
말도 없이 일제히 피었네

약 오르지 하며 화들짝 웃고 있네
너의 웃음 반칙
나도 모르게 피는
벚꽃 마음 반칙

똥빨

부드럽게 쑥 빠질 때가 있다
느낌 아니까
뒤돌아 안을 들여다보게 된다
오호! 예술이군
아주 멋진 구성
이럴 땐 물도 내리기 아깝지
어느 설치미술 작가라도 부르고 싶다

인생도 때때로 멋진 똥빨처럼
잘 쏟아져 내릴 때가 있지
가끔 뒤를 한번 보자
어제 통쾌하게 먹어치운 보고서의 힘
그 색 그 냄새가 내 속을 이야기하고 있다
아하, 오늘 똥빨 좋군

참 꼬들꼬들한 아침이다

먼나무

길을 가는데 일근이 형님
저 나무가 먼 나문지 아냐 물었다
글쎄요 했더니
먼나무라 했다
먼나무를 먼나무냐 물으시니
기 뭐냐 거시기가 거시기냐 하는
전라도 사투리 같은 나무 아닌가

참 정겹다고 눈길 주는데
이름보다 더 중요한 건
너무 좋을 때 그냥이라 하는 것처럼
우리도 오래도록
거시기 뭐시기 같은 사람이면 좋겠다고 하자
가로수길 즐비하게 선 먼나무들
빨간 사투리 같은 열매를 품고
참 거시기허다는 듯 키득키득 웃고 있다

복숭아

보기만 해도 까칠하다고

언제 진심으로
내 속 알려고나 했을까

눈으로 봐서는 몰라
어루만지고 씻어낼 때
그때서야 알지
속이 문드러져 있는지
아주 단단하고 야문지

한번만 속 깊이 들어와 봐
안에 숨겨둔,
붉게 타들어 간 속이 그냥 보여

가끔 어떤 놈에게 당해
썩어가는 동굴 속 모습까지
훤히 보여주고 싶어

목욕탕에서

가끔 생각지도 못한 나를
벌거벗은 모습으로 만날 때가 있다
힐끔하고 쳐다보다
벗기 전엔 몰랐던 부항 자국
허리의 수술 자국 그리고
생각보다 많이 나온 배의 볼륨
하지만 내가 본 속내는
속이 아닌 겉의 속 아닌가
썩어문드러졌는지
모두 내려놓고 마음 다스리며 사는지
속의 속은 아직 볼 수 없다

세월

잔디밭엔 틈만 나면
토끼풀이며 이름 모를 잡풀들이
앞다투어 자리 잡는데
아버지 머리 가운데
한 삽 빠진 곳
누구도 찾아오질 않네
그 흔한 새치 하나 오질 않네

기태 형 희은이 형

언제가 꼭 껴안아 주면서 내 동생 하는데
그 체온 오래도록 따뜻했다
누군가의 문을 열면 그냥 지나치지 않는다
아랫목에 손을 넣고 불조절하는 어머니처럼
낮은 곳 작은 마음까지 살펴주는
따뜻한 온도 기태 형과 희은이 형
둘은 참 닮았는데 서로 모르고 산다

내가 대본 쓸 일이 있다면
선술집에 우연처럼 두 형을 불러
서로의 온도를 재주고 싶다
누군가에게 군불 지피며
오래도록 따뜻하게 곁이 되어주는 남자
팔짱이라도 끼고 싶은 그런 남자
두 형이 주인공이 되는 대본을
나는 지금 쓰고 있는지도 모른다

야근

늦은 밤 어두운 침묵을 열고
작전 수행 중인 초병처럼
촉각 곤두세우며 들어선다
"왔어요" 하는 암호도 오늘은 침묵
거실과 방 안에서 각자 잠복근무
오래되니 어둠도 열어진다
한참을 기다리면 뒤척임마저 익숙한데 거실에 누운 두 여자
어느 쪽이 마누라고 어느 쪽이 딸인지
벌써 다 커버렸네, 내 딸

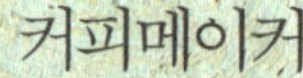

커피메이커

에티오피아 에카체프인가
혹은 케냐인가 네가 온 그곳
온몸 으스러져도 속까지 진밤이거나
문드러져 속 타는 블랙이거나
끝내는 부글부글 끓어오르는 소리로
오르가즘 느끼다
이내 숨 고르며 완성되는 사랑
이 밤 느끼고 싶어
부드러운 아침 깨우고 싶어
애타게 부르는 검은 유혹의 눈물
아메리카노 아메리카노

닭새우

매운탕 속 숨어 있는
굽은 허리

평생 바다를
이고 다녔나 지고 다녔나

그 바다 끌고 와
내 쓰린 속 달래주는 단단한 세월

어, 머, 니,

민화투

구순의 할머니 민화투를 좋아하신다
치매에 좋다고
가족들만 모이면 일부러 판 벌이는데
거짓말처럼 밤새도록 생기가 넘치신다

얇은 패처럼 엎드려 알 수 없는 삶
뒤집어봐도 줄곧 제 짝을 못 찾고
자리가 안 좋다며 투덜대기도 하지만
이야기꽃, 웃음꽃 피우다 보면
가끔 기회가 오기 마련이다

자신이 모은 것 펼쳐놓고
버려야 할 패와 셈해야 할 패를
악착같이 구분하는 할머니
때가 되면 가족들에게 가진 것 다 나눠주고
이제 그만,
쉬고 싶다고 하실지 모른다

어머니

내 어머니가 바로 그분이시다
그래 맞다, 그 용맹스러운 과일장수(將帥)
어머니의 전장은
서시장 두 번째 다리 초입
30년 지루한 전쟁에도 끄떡없는 그 요새의 주인
결코 물러섬이 없는 장군이다

굳이 줄을 긋거나 표시가 없어도
어머니가 출전하는 날이면
모두들 자리를 내주고 비켜섰다
어떻게 지켜온 자리인가
동 직원 철거 명령에
도망가기도, 악을 쓰며 대들기도
그렇게 자리를 지켜낸 그분이다
30년 어머니의 용맹을 알기에
병석에서 몇 달이 지나 나올 때도
그 자리는 누구도 고집하지 못했다

다라이 몇 개에 목숨을 내걸고
화살 같은 칼바람에도
물러서지 않고 그 자리를 지켰다
추위를 견디는 것이 아니라

군장인 양 보듬고
칼바람 부는 날 휴전도 없이
오늘도 중무장하고 그 날선 새벽을 연다

얼었던 연등천은 진즉 풀렸는데
어머니의 빌가락 동상은
봄이 되어도
봄이 되어도 아직 풀리지 않았다

징함네

당신이 그랬던 것처럼
아들 녀석 말을 배워
가끔씩 내뱉는다
'징함네~'

약속시간 늦어도
취해서 들어올 때도
'징함네~'

시도 때도 없이 쓰는 것 같아도
적절하게 쓰는 걸 보니
허허, 웃음이 난다

알고나 하는 말일까
아들 눈에 무에 그리 징할까 생각하며

나도 모르게
그 녀석 참 '징함네~' 하는데
뉴스를 보며 어머님도 한마디 하신다
'징함네~'

세상
참,
징함네~

이사

짐을 정리하다
해 지난 학습지도안에서
풀썩 떨어지는 봉급내역서를 펼쳐 들며
차마 버릴 수 없는 것을 찾기라도 한 듯
세월을 넘어 웃고 있는 아내
빛을 잃고 실명한 동전이
가구 드러낸 장판 위에서 눈 비비며 깨어나고
사각의 기지개를 켜는
묵은 먼지 같은 우리들의 겨울
다섯 평의 세월을 묶는다

싱크대에서 그릇 씻는 소리 같은 아이들의 재잘거림
서랍 속에 포개 넣어둔 상장도 걸어야지
큰소리 한번 내지 못한 아이들의 목소리를 풀어놓으며
마음 놓고 벽 위에 못질을 한다

저만치서 아내가 피곤도 잊고
아침 햇살처럼 웃는다

막장드라마의 힘

뻔한 스토리 알면서도
내일이 궁금하다
그럴 줄 알면서도
한 번 더 속아 오늘도 채널 고정
한참을 보다 보면 참다못해
A C Pal 저것들을 콱
괜히 봤다고 하면서도
혹시나 하는 마음
Happy Ending 아침을 기다리네

엄마의 정원

엄마의 정원은 생각이 깊다
생각이 자라 꽃을 피운다
짧게 혹은 길게 꽃으로 말한다
엄마의 꽃을 관심 있게 들여다보면
정말 오래 웃는다
다른 꽃
다른 사랑으로 기다리는
엄마의 사계절
저 깊은 곳에 숨겨진 오래 묵은 기심
매일 오가는 길은
주름처럼 깊다
엄마의 정원은 늘 거기 있다
오늘도 엄마는 어둠 속에서 문을 열고
계절을 문단속한다

에필로그

여수의 노래

여수에 오면 안다네, 여수에 오면 다 안다네
둘러보면 모두 한 폭의 그림인 것을
낮이고 밤이고 발길 머물게 하는, 미항이네
천재화가 손상기 예암산 둘레길에서 바다를 배웠다네

강화백 붉은 덧칠로 다시 피어난 동백꽃 여수
이화백 넘너리 아침을 넘어 바다 속 풍경을 지나
화가를 꿈꾸는 어린이집 수빈이의
상상 속 바다 그림이 되었다네

여수에 오면 안다네, 다 안다네
귀 기울이면 사방이 모두 가락이요 장단이란 걸
먼 바다를 뒤적이며 거문도 뱃노래를 불렀다네
술비야 술비야를 불렀다네
만선으로 돌아오는 날이면 선술집 어디나
막걸리 한 사발 젓가락 장단은 기본이라네
골목 골목 상다리 두드리는 소리
당신을 넘어 담을 넘어 바다를 달래고 있었다네

새벽까지 차르르 차르르, 오히려 파도는
밤새 정박한 배를 달래고 있었다네
그 시절 우리는 그렇게 다 듣고 귀명창이 되었다네

여수에 오면 안다네, 여수에 오면 다 안다네
맛집이 어디냐고 물으면 촌놈이란 걸
그냥 문 열고 들어가면 다 맛집인 것을
식객의 허영만 화백도 여수 사람 아닌가
싱싱한 바다를 갓 건져 한상 차리면
서대회, 금풍쉥이, 장어탕, 아니 그냥 백반도
어머니 손맛이면 특급 호텔 부럽지 않네
여수에 사는 우리, 여수로 오는 당신
그 좋은 음식 한 접시면
하루를 머물러도 여수 사람이 되네

인생 뭐 있나 잠시 접어두고 그냥 내려오소
섬과 섬 사이 징검다리로 넘나드는 바람이
물길을 여네 당신을 반기는 연습을 하네
편안 마음으로 그냥 한번 오소
서대회 한 접시에 막걸리 한잔하세
여수에 오기만 하면,
오기만 하면 여수는 다 자네 것일세

이민하 LEE MIN-HA

경기대학교 미술대학 서양화과 졸업

경기대학교 조형대학원 미술학과 졸업

경기대학교, 전남대학교, 창신대학, 호남대학교 강사 역임

개인전 20회 / 1991-2016

ART FAIR 7회 / 화랑미술제, 서울오픈아트페어, 광주아트페어

수상

구상전 공모전 대상

대한민국 미술대전 특선

심사

대한민국 미술대전, 광주광역시 미술대전

전라남도 미술대전, 호남예술제 심사위원

작품소장

국립현대미술관 미술은행, 안산 문화예술의전당

부산해양자연사박물관, 광주신세계갤러리, 여수시 外

現

한국미술협회, 선과색

전남대학교 여수평생교육원 출강

CP : 010-2628-3566

E-mail : leeminhaart@naver.com

작품 목록

조금물때_ 60.6×50.0cm Acrylic on canvas 2015 (조금새끼로 운다)

들꽃_ 40.9×31.8cm Acrylic on canvas 2015 (당신)

봄바람_ 40.9×31.8cm Acrylic on canvas 2015 (꼬막)

정원에서_ 40.9×31.8cm Acrylic on canvas 2015 (이사 2)

향기_ 40.9×31.8cm Acrylic on canvas 2015 (당신에게)

가을날_ 40.9×31.8cm Acrylic on canvas 2015 (분만 대기실에서)

낮달_ 40.9×31.8cm Acrylic on canvas 2015 (그냥)

꽃밭에_ 40.9×31.8cm Acrylic on canvas 2015 (꽃, 활짝 피다)

너와 내가 섬이다_ 162.2×112.1cm Acrylic on canvas 2015 (모장 풍경)

장도_ 73×53cm Acrylic on canvas 2010 (쏨뱅이)

섬 안에 바다 안에_ 116.8×72.7cm Acrylic on canvas 2015 (하화도)

별밤_ 40.9×31.8cm Acrylic on canvas 2015 (은하횟집에서)

일출_ 60.6×50.0cm Acrylic on canvas 2013 (오동도)

섬으로 외로워지면_ 116.8×80.3cm Acrylic on canvas 2015 (금오도)

폭풍우 치는 밤_ 80.3×65.1cm Acrylic on canvas 2011 (태풍 루사)

진달래_ 40.9×31.8cm Acrylic on canvas 2015 (모장 풍경 2)

뒤 바다를 지나면 또 다른 바다가 서 있다_ 116.8×80.3cm Acrylic on canvas 2015 (거문리서)

그 섬에 그대가 살고 있습니다_ 100×300cm Acrylic on canvas 2015 (섬)

한 점 섬으로 앉고 싶다_ 116.8×80.3cm Acrylic on canvas 2015 (섬 2)

춘래불사춘_ 45.5×37.9cm Acrylic on canvas 2015 (벚꽃, 그 말이)

산동네 새벽_ 80.3×53.0cm Acrylic on canvas 2009 (길)

설풍_ 80.3×53.0cm Acrylic on canvas 2011 (태풍)

꽃비_ 40.9×31.8cm Acrylic on canvas 2015 (벌초)
봄날 새벽_ 45.5×37.9cm Acrylic on canvas 2015 (추상)
달빛_ 45.5×37.9cm Acrylic on canvas 2015 (실직)
오월_ 40.9×31.8cm Acrylic on canvas 2015 (토끼풀)
꽃바람_ 40.9×31.8cm Acrylic on canvas 2015 (모기)
벚꽃 엔딩_ 45.5×37.9cm Acrylic on canvas 2015 (벚꽃 반칙)
봄날_ 40.9×31.8cm Acrylic on canvas 2015 (똥빨)
향수_ 40.9×31.8cm Acrylic on canvas 2015 (먼나무)
공명_ 45.5×37.9cm Acrylic on canvas 2015 (복숭아)
어느 봄날_ 45.5×37.9cm Acrylic on canvas 2015 (목욕탕에서)
세한도_ 45.5×37.9cm Acrylic on canvas 2015 (세월)
꿈결_ 45.5×37.9cm Acrylic on canvas 2015 (기태 형 희은이 형)
여름꿈_ 40.9×31.8cm Acrylic on canvas 2015 (야근)
기억_ 40.9×31.8cm Acrylic on canvas 2015 (커피메이커)
초여름_ 40.9×31.8cm Acrylic on canvas 2015 (닭새우)
여름밤의 꿈_ 40.9×31.8cm Acrylic on canvas 2015 (민화투)
보름달_ 45.5×37.9cm Acrylic on canvas 2015 (어머니)
달맞이꽃_ 40.9×31.8cm Acrylic on canvas 2015 (징힘네)
봉산동 골목_ 33.4×22cm Acrylic on canvas 2011 (이사)
화담_ 38×29cm Acrylic on canvas 2006 (막장드라마의 힘)
환희_ 33.4×22cm Acrylic on canvas 2003 (엄마의 정원)
몽유-바다_ 50×200cm Acrylic on canvas 2009 (여수의 노래)

이 도서의 국립중앙도서관 출판예정도서목록(CIP)은 서지정보유통지원시스템 홈페이지(http://seoji.nl.go.kr)와 국가자료공동목록시스템(http://www.nl.go.kr/kolisnet)에서 이용하실 수 있습니다.(CIP제어번호: CIP2016008877)

여수의 노래

초판 1쇄 인쇄 2016년 4월 7일
초판 1쇄 발행 2016년 4월 15일
지은이 임호상 시, 이민하 그림
펴낸이 김석봉
디자인 조동욱
펴낸곳 시인동네
출판등록 제311-2012-000043호
주소 서울시 은평구 연서로11길 7-5 401호
편집실 서울시 마포구 마포대로 127, 413호(공덕동, 풍림VIP빌딩)
전화 02-852-1977
팩스 02-852-1978
블로그 http://blog.naver.com/mhjd2003
전자우편 sbpoem@naver.com

ISBN 979-11-5896-252-4 03810